藏在万物里的汉字

自然篇

璞玉 / 著
曹磊 / 绘

时代出版传媒股份有限公司
安徽少年儿童出版社

图书在版编目（CIP）数据

藏在万物里的汉字.自然篇/璞玉著；曹磊绘.—合肥：安徽少年儿童出版社，2022.3
ISBN 978-7-5707-1190-1

Ⅰ.①藏… Ⅱ.①璞…②曹… Ⅲ.①汉字—儿童读物 Ⅳ.①H12-49

中国版本图书馆CIP数据核字（2021）第205704号

CANG ZAI WANWU LI DE HANZI ZIRAN PIAN

藏在万物里的汉字·自然篇

璞玉/著
曹磊/绘

出版人：张 堃	选题策划：李 琳	责任编辑：陆莉莉
责任校对：于 睿	责任印制：郭 玲	特约编辑：宣慧敏
封面设计：薛 芳	内文设计：叶金龙	

出版发行：时代出版传媒股份有限公司　　http://www.press-mart.com
　　　　　安徽少年儿童出版社　　E-mail：ahse1984@163.com
　　　　　新浪官方微博：http://weibo.com/ahsecbs
　　　　　（安徽省合肥市翡翠路1118号出版传媒广场　邮政编码：230071）
　　　　　出版部电话：（0551）63533536（办公室）　63533533（传真）
　　　　　（如发现印装质量问题，影响阅读，请与本社出版部联系调换）

印　制：安徽新华印刷股份有限公司
开　本：787 mm×1092 mm　　　　　　　　　1/16　　　　　印张：3.25
版　次：2022年3月第1版　　　　　　　　　　　　　　　　2022年3月第1次印刷

ISBN 978-7-5707-1190-1　　　　　　　　　　　　　　　　定价：25.00元

版权所有，侵权必究

关于本系列图书

＊ 六大栏目齐上阵，面面俱到识汉字

　　我们从"生动的字形演变""专业的字义解释""优美的汉字图画""灵活的汉字运用""有趣的地理知识""精彩的汉字故事"这六个方面，帮助孩子全方位地认识汉字。

＊ 贴近生活选汉字，语文学习接地气

　　选择跟孩子的生活息息相关的汉字，并与部编版小学语文1—3年级教材的识字要求同步。

＊ 分类编排更科学，一笔一画记得牢

　　套书根据生活、身体、动物、植物、自然、江河、数字、颜色和方位分类、分册，字形、字义相近的放在一起，提高识字效率。

璞玉

汉语言文学教育学士、文学硕士、心理学博士。

做过记者、编辑，曾获"五四新闻奖"一等奖。

热爱汉字和启蒙教育，公众号"每天一个字"主笔。

喜马拉雅APP中《璞玉说字：亲子识字私房课》主播。

目录

CONTENTS

- 天 —————————————— 02
- 地 —————————————— 04
- 人 —————————————— 06
- 光 —————————————— 08
- 电 —————————————— 10
- 日 —————————————— 12
- 月 —————————————— 14
- 云 —————————————— 16
- 冰 —————————————— 18
- 雨 —————————————— 20
- 雪 —————————————— 22
- 雷 —————————————— 24

- 风 —————————————— 26
- 水 —————————————— 28
- 火 —————————————— 30
- 山 —————————————— 32
- 石 —————————————— 34
- 土 —————————————— 36
- 金 —————————————— 38
- 田 —————————————— 40
- 禾 —————————————— 42
- 木 —————————————— 44

游中国，学汉字 / 46

天

| 甲骨文 | 金文 | 小篆 | 隶书 | 楷书 |

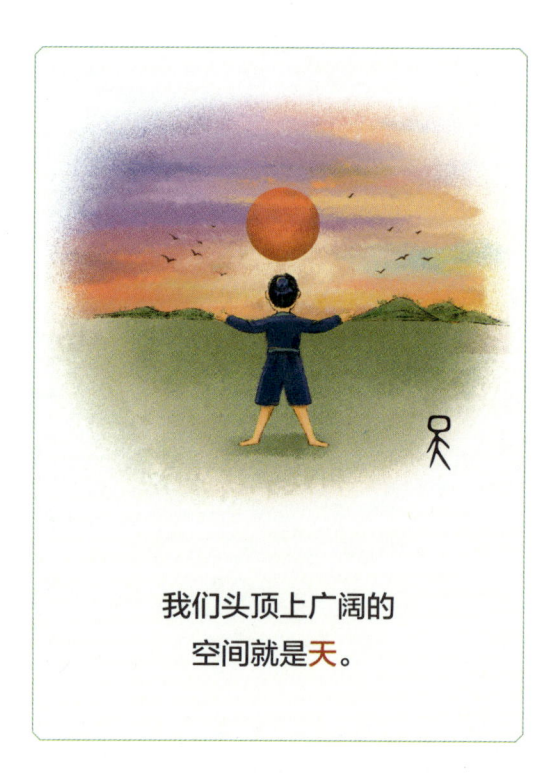

我们头顶上广阔的空间就是**天**。

"天"字为什么这样写？

小朋友，天空是不是在我们的头顶上？因此，古人在"🚶"（人）的头顶上画了一个"O"，表示头顶上的空间，即"天"。所以，"天"字指人头顶上方的无边苍穹。

组 词 造 句

▶ 季节：春天、秋天。
  例句：春天来了，花儿绽开了美丽的笑脸。
▶ 天气：晴天、阴天。
  例句：夏天的天气变幻莫测，一会儿晴天，一会儿阴天。

地理小知识

天坛

天坛在北京市南部，是中国现存最大的古代祭祀性建筑群。天坛始建于明永乐十八年（1420年），为明清两朝帝王祭天、祈求五谷丰登的场所。

汉字故事

坐井观天

　　有一只生活在井里的青蛙，它从来没有去过井外面。这天它看见一只小鸟飞过来，落在井沿上。

　　青蛙问小鸟："你从哪儿来呀？"

　　小鸟回答说："我从天上来，飞了一百多里，下来找点水喝。"

　　青蛙说："别说大话了！天空不过井口那么大，你怎么会飞那么远呢？"

　　小鸟说："你弄错了。天空无边无际，大得很哪！只不过你每天生活在井里，不知道罢了。"

　　青蛙笑了，不相信小鸟的话。

　　小鸟也笑了，说："不信，你跳出井口来看一看吧。"

　　后来人们就用"坐井观天"来形容一个人眼界狭窄，见识浅薄。

地

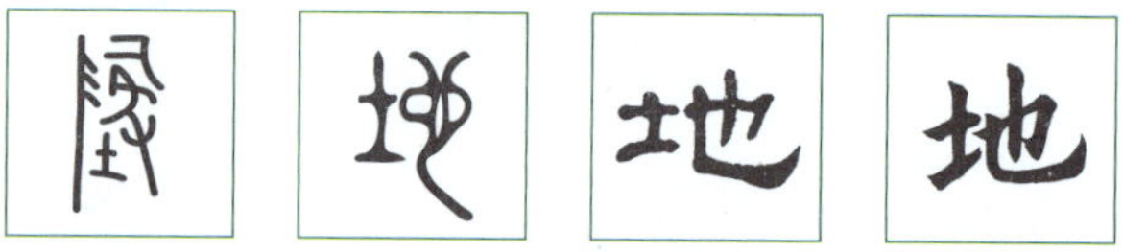

| 金文 | 小篆 | 隶书 | 楷书 |

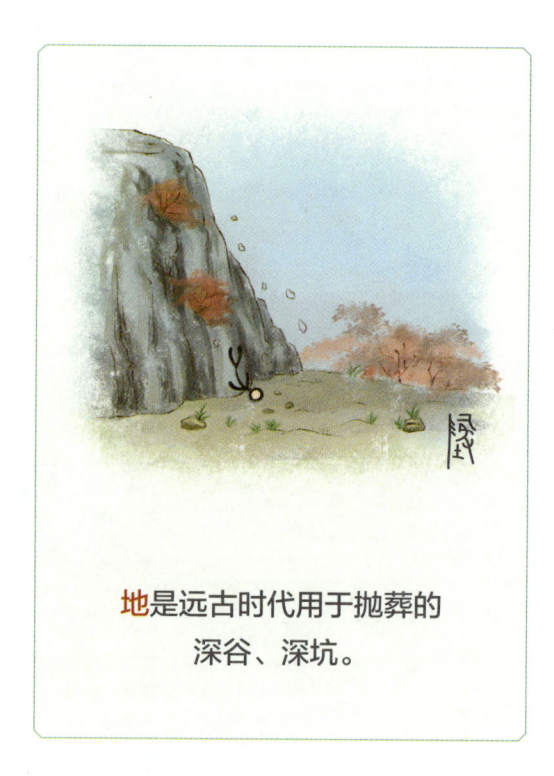

地是远古时代用于抛葬的深谷、深坑。

"地"字为什么这样写？

起初，"𨹿"（地）由"𠂆"（山崖）、"𠃜"（倒着的人）、"𠃌"（被捆绑的人）、"𠂇"（表示手抓）和"𡉊"（深坑）组成，表示古时候用于抛葬的深谷、深坑。从古至今，人死亡后都要归于土地，客家方言里仍称"墓"为"地"。

组 词 造 句

▶ 土地：荒地

　例句：勤劳的人们把荒地开垦成了良田。

▶ 助词，读"de"：努力地学习

　例句：自从爱上阅读，他更加努力地学习，获得了更多的知识。

地理小知识

地坛

地坛位于首都北京市东城区，始建于明代嘉靖九年（1530年），是明清两朝帝王祭祀土地之神的场所。地坛的建筑几乎都是方的，体现了古人"天圆地方"的观念。

汉字故事

开天辟地

很早以前，天地还没有分开，宇宙一片混沌，好像一个大鸡蛋。一个名叫盘古的巨人在这个"鸡蛋"中睡了一万八千年。

有一天，盘古忽然睡醒了，醒来时发现周围一片漆黑，于是拿起斧子，用尽全力一挥。伴随着一声巨响，"大鸡蛋"突然破裂开来，"鸡蛋"中轻盈而洁净的东西冉冉上升，变成了天空；沉重而混浊的东西缓缓下降，变成了大地。

盘古怕天地还要合拢，于是就手托着天，脚踏着地，把天地撑开。天每天升高一丈，地每天下降一丈，盘古的身体也每天随之长大。就这样盘古顶天立地站立了一万八千年，直到天地再也不会合在一起了，才安然死去。

盘古死后，他的身体化作了自然界的万物：双眼变成了太阳和月亮，吐出的气变成了风和云，声音变成了雷声，毛发变成了草原和森林，血液变成了河流，肌肉变成了田土……

在这个传说中，盘古创造了世界。于是，后人就用"开天辟地"来指开创前所未有的大事业。

人

| 甲骨文 | 金文 | 小篆 | 隶书 | 楷书 |

在地里干活的劳动者，就是**人**。

"人"字为什么这样写？

小朋友，"𠆢"像不像一个正在弯腰劳动的人？人类靠着辛勤劳动，才创造出辉煌的文明。

组 词 造 句

▶ 能制造、使用工具的高等动物：人类
  例句：保护环境，保护地球，就是保护人类自己。

▶ 某种身份或职业的人：工人、军人
  例句：因为有了保家卫国的军人们，所以我们才能过上和平幸福的生活。

地理小知识

人民大会堂

人民大会堂位于北京市天安门广场西侧，是举行全国人民代表大会等重要会议的地方。人民大会堂庄严雄伟，正面呈"山"字形，两侧略低，中部稍高，四面开门。人民大会堂的中心区域是万人大礼堂。

汉字故事

知人不易

　　孔子是中国历史上伟大的思想家、教育家，曾经带着弟子周游列国，但是因为不受各国国君重用而生活贫困，往往许多天都吃不到什么东西。

　　有一次，孔子还在睡觉，弟子颜回讨到了一些米，回来烧火煮饭。饭快熟的时候，孔子醒了过来，看见颜回从蒸饭的甑（zèng）里面抓饭出来吃。孔子假装没有看见。

　　饭熟了之后，颜回走过来请孔子去吃饭，孔子坐起来说："刚才我梦见了祖先，我要先用干净的饭食祭祀先人，然后自己才能吃饭。"

　　颜回连忙说："不行，刚才有煤灰掉进甑里，把饭弄脏了，不能用这饭来祭奠先人。我觉得扔掉那些饭可惜，就用手抓起来吃了。"

　　孔子听了感慨地说："我相信自己的眼睛，但眼睛看到的有时也不可信；我相信自己的心，但心所想的有时也靠不住。了解一个人真不容易呀！"

　　成语"知人不易"就是指想要真正了解一个人很难。

光

| 甲骨文 | 金文 | 小篆 | 隶书 | 楷书 |

"光"字为什么这样写？

"光"（光）字下半部是一个跪坐着的人"儿"，上半部是一团燃烧的火"火"。古代集体聚会的时候，会有专门的人举着火把给大家照明。

一个人跪坐在地上，举着一支火把，给大家带来光亮。

组 词 造 句

▶ 光线：阳光、灯光
　例句：春天的阳光照在田野上，也照在孩子们的笑脸上。

▶ 荣誉：光荣、光耀后世
　例句：光荣属于每个为祖国奋斗的人。

地理小知识

光明顶

光明顶是安徽黄山第二高峰，与天都峰、莲花峰并称黄山三大主峰。光明顶地势平坦而开阔，日照时间长，所以大家叫它"光明顶"。

汉字故事

凿壁偷光

西汉大文学家匡衡，小时候非常勤奋好学，但他家里很穷，买不起照明用的灯油。到了晚上他想继续读书，可没有光怎么办呢？

后来，匡衡发现邻居家晚上光线充足，但是这光亮照不到自己家里。于是匡衡想了一个办法，他在自己家与邻居家共用的那面墙壁上，凿了一个洞，这样邻居家的光就能照进来了。借着这点光亮，他晚上也能看清书上的字、继续读书了。靠着这份勤奋与努力，匡衡最终成了西汉时期有名的学者。

后来，人们用成语"凿壁偷光"形容勤学苦读。

电

| 甲骨文 | 金文 | 小篆 | 隶书 | 楷书 |

神秘、炫目的闪**电**，让天空看起来像裂开了一样。

"电"字为什么这样写？

小朋友，你看甲骨文"🌀"（电），像不像空中的一道闪电？一开始，古人觉得闪电神秘，让人害怕。渐渐地，人们发现闪电通常伴随着雷雨，于是给"电"加上了"雨"字头。其实，闪电和雪、雷等一样，是一种常见的自然现象。

组 词 造 句

▶ 闪电：雷电、电闪雷鸣
  例句：一阵电闪雷鸣之后，瓢泼大雨从空中倾泻而下。

▶ 电荷变化现象：电能、电灯
  例句：天黑了，他打开桌前的电灯，继续认真地学习着。

地理小知识

中国电影博物馆

中国电影博物馆位于我国首都北京，是目前世界上最大的国家级电影专业博物馆，也是纪念中国电影诞生一百周年的标志性建筑。这里不仅有先进的电影放映系统，还保存着早已消失于大荧幕的经典老电影，称得上是影迷的天堂。

> 汉字故事

电闪雷鸣

传说很早以前，如果有人犯了不可饶恕的罪过，玉皇大帝就会派雷公去惩罚这个人。

但是雷公性格急躁，视力还不好，有时候会失手错伤无辜的人。有一次，雷公就错罚了一名女子。事后，他很后悔，向玉皇大帝报告了这件事。

玉皇大帝听了雷公的报告后，也很同情这名冤死的女子。为了避免发生类似的事情，玉皇大帝将这名女子复活，并封她为电母，赐她两面雷电镜。

自那以后，在打雷之前，电母都会先用手中的雷电镜发出明亮耀眼的电光，帮助雷公看清楚地上的景象，准确地找到要惩罚的人。从此以后，雷公再也没有错罚过好人。

成语"电闪雷鸣"用来描绘闪电的强光把大地照得一片光亮，紧接着就是隆隆的雷声的景象；也比喻行动快速有力或声势很大。

日

| 甲骨文 | 金文 | 小篆 | 隶书 | 楷书 |

圆圆的太阳升起来啦，就是日字。

"日"字为什么这样写？

太阳是一个会发光的天体，因此"⊖"（日）画出了太阳的样子，其中这条短横线表示太阳发出的光芒。太阳给地球上的万物带来光明和温暖，没有太阳，就没有地球上的生命。

组 词 造 句

▶ 太阳：日出、日落
　例句：日出之后，鸟儿们发出悦耳的啼鸣，将整片山林都唤醒了。

▶ 每天：日益、日渐
　例句：随着越来越多的人注重环保，地球的环境也日益改善。

地理小知识

日月潭

　　日月潭是我国台湾省内最大的天然湖泊。潭中有一座小岛，名叫拉鲁岛，远望好像浮在水面的一颗珠子。日月潭以拉鲁岛为界线，整个湖泊的北半湖像圆日，南半湖像弯月，所以叫它日月潭。

汉字故事

夸父逐日

很久很久以前,有个名叫夸父的巨人。他看见太阳每天从东方升起、从西方落下,接着就是漫长的黑夜,便心想:"每天夜里,太阳躲到哪里去了呢?我要去追赶太阳,把它抓住,叫它固定在天上,让大地永远充满光明。"

夸父一路向西追赶着太阳,终于追到太阳落下的地方。但是火红的太阳烤得他的嗓子像冒了烟似的。他跑到黄河边,一口气喝干了黄河水。可是喝完了之后,还是觉得渴,于是他又跑到渭河边,喝干了渭河水。

夸父还是口渴,便打算去北方的大泽喝水,但是还没到达大泽,就在半路上渴死了。临死前,他把手里的手杖扔了出去。那手杖落下的地方,竟然出现了一片茂盛的桃林,树上结满了美味的桃子,给追寻光明的人解渴。

后来,人们用成语"夸父逐日"比喻决心很大,有时也比喻自不量力。

月

| 甲骨文 | 金文 | 小篆 | 隶书 | 楷书 |

月亮缺的时候多，圆的时候少。

"月"字为什么这样写？

古时候，人们发现月亮有圆缺变化，有时圆圆的像盘子，有时弯弯的像小船，因此就在残月的形状"D"中间加一条短竖线表示月亮的光芒"D"。其实，月亮本身并不发光。它通过反射太阳光，让人们误以为它好像在夜空中"发光"。

组 词 造 句

▶ 月球：月光、月食

　例句：夏夜的晚上，母亲搂着我们，在月光下讲故事。

▶ 计时的单位：月份、月初

　例句：上个月月初，他回了趟学校，去看望曾经的班主任。

地理小知识

月牙泉

月牙泉在甘肃省敦煌市附近，因形状弯曲如新月，所以得名。月牙泉四周都是流沙，但刮风时泉却不会被沙子掩埋，非常神奇。月牙泉千古如旧，清流成泉，被称为"沙漠第一泉"。

> 汉字故事

水中捞月

有一群猴子，在林中玩耍。一天晚上，它们来到一口井边，猴王看见井水中有个月亮，于是对其他猴子们说："月亮掉到井里啦！我们应该把它捞出来！不然世间的夜晚将是漆黑一片！"

猴子们都同意猴王的意见，但不知道该怎么做。猴王看见井旁有一棵大树，想出一个办法："我钩住树枝，然后抓住一只猴子的尾巴，这只猴子再抓住前一只猴子的，这样一个抓着一个，我们就可以下到井里，把月亮捞出来了！"

猴子们就按猴王的办法做起来。但是树枝经不起这么多猴子的重量，"咔嚓"一下折断了，猴子们都掉进了井水里。

猴子们掉进井里后，井水里的月亮一下不见了。月亮呢？猴子们抬头一看，月亮好好地挂在天上呢！

成语"水中捞月"比喻白费力气去做根本做不到的事。

云

| 甲骨文 | 金文 | 小篆 | 隶书 | 楷书 |

卷卷的、一层层地飘在天上的，就是云。

"云"字为什么这样写？

小朋友，你有没有观察过天上的白云？它们有一片片的"〆"，有一朵朵的"の"，组合起来的样子"ゟ"就是最早的"云"字。云可以变成雨，所以"云"又变成了"雲"。后来，"雨"字头又被简化了，这样写起来就更方便了。

组 词 造 句

▶ 由水滴聚集成的物体：云层、云海
  例句：天阴沉了下来，月亮也隐没在云海里了。

▶ 说话：人云亦云、不知所云
  例句：学习知识，一定要有自己的理解，不可人云亦云，不懂装懂。

地理小知识

云南省

"彩云之南"即是云南，位于祖国西南边陲，居住着许多少数民族。云南植物种类丰富，植被多样，既有西双版纳热带雨林，又有常年被积雪覆盖的玉龙雪山。省会昆明因为常年日照充足，四季如春，被称为"春城"。

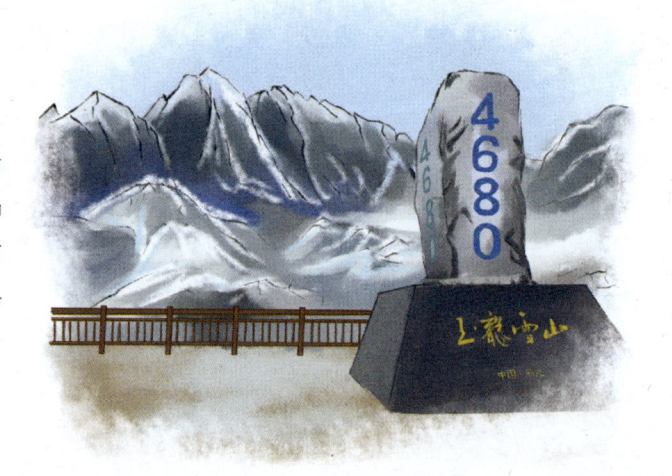

汉字故事

风起云飞

秦朝末年，天下大乱，群雄并起。经过连年征战，最后，刘邦战胜项羽，赢得了天下。但是好景不长，淮南王英布起兵造反，军势极盛，刘邦不得不亲自出征。在得胜回朝的途中，刘邦顺路回到了故乡沛县（今属江苏徐州），停留了十几天，和昔日的朋友、乡亲父老把酒言欢。

在热闹的酒席上，刘邦突生感慨。他一面击缶（fǒu），一面唱起了即兴创作的《大风歌》：

大风起兮云飞扬，威加海内兮归故乡。
安得猛士兮守四方！

成语"风起云飞"就出自这首诗，比喻天下不稳，国家还不安定。

冰

| 甲骨文 | 金文 | 小篆 | 隶书 | 楷书 |

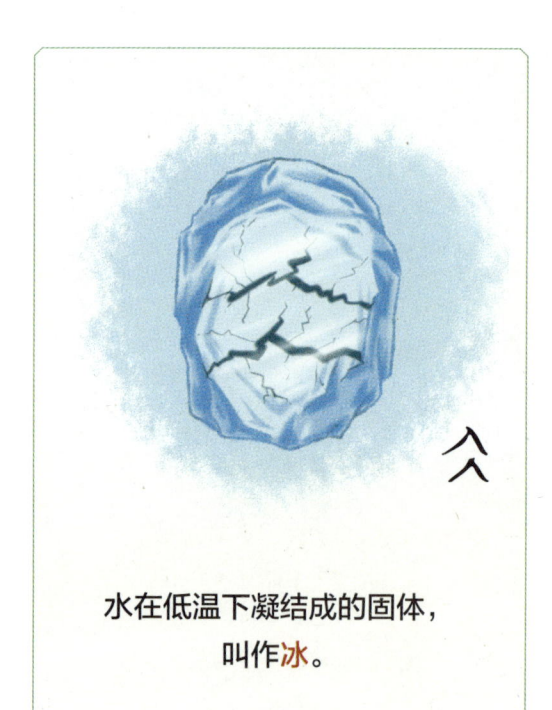

水在低温下凝结成的固体，叫作冰。

"冰"字为什么这样写？

小朋友，你有没有见过水冻结成厚厚的冰的样子？如果你仔细看，会发现冰层里有不少纹理，就像古人写的"仌"。后来古人在"仌"旁加了一个"水"，表示冰是由水凝结而成的，这样是不是更形象呢？

组 词 造 句

▶ 水凝结成的固体：冰花、冰凌

　例句：一到冬天，东北人家的窗户上，就会凝结出各种各样的冰花。

▶ 感到寒冷：冰冷、冰凉

　例句：冬天，户外寒风呼啸，让人感觉手脚冰凉，只想快点回到暖和的屋子里去。

地理小知识

"冰城"哈尔滨

哈尔滨又叫"冰城"，是黑龙江省省会，也是我国纬度最高、平均气温最低的城市。这里的冬季漫长、寒冷，冰雪覆盖时间长，夏季则短暂、凉爽。如果你冬天来哈尔滨，可以在这里观赏冰灯、冰雕，吃冰点，还可以参加冰雪娱乐活动。

汉字故事

夏虫语冰

传说，有一天，孔子的一个学生正在门外扫地，这时走过来一个人问他："你是孔子的学生吗？"孔子的学生很自豪地回答："是呀。"那人接着问道："我可以问个问题吗？一年有几个季节？"孔子的学生说："当然是四个季节。"那人反对说："明明是三个季节，你怎么能说是四个呢？"

两个人为此争论起来，争来争去，也没争出什么结果。刚好这时候，孔子走了出来，说："一年是三个季节。"那人这才满意地走了。

那人走后，学生问孔子："所有人都知道一年是四个季节，您为什么说是三个呢？"孔子笑了笑，对学生讲："你没看到那人浑身是绿色的吗？其实，他本是一只蚂蚱，春天生，秋天死，根本活不到冬天，怎么能知道一年当中除了他所经历的三季外，还有一个冬季呢？你跟这样的人就是争上三天三夜也不会有结果的。"

庄子也说过："夏虫不可以语于冰者，笃于时也。"意思是：对只能生活在夏天的虫子不可与它谈论冰雪。后来，人们就用"夏虫语冰"比喻人的见识有限，目光短浅。

雨

| 甲骨文 | 金文 | 小篆 | 隶书 | 楷书 |

一滴一滴从天空中降落的，就是雨。

"雨"字为什么这样写？

看甲骨文"雨"，有没有让你立刻想到天空下雨的场景？"一"表示天空，"⋮⋮"表示雨滴，组合在一起就是最早的"雨"字。后来无论这个字怎么变化，表示雨滴的点点一直保留着。滴答滴答，你听到下雨的声音了吗？

组 词 造 句

▶ 从云层降向地面的水：细雨、春雨

例句：第一场春雨降了下来，农民伯伯们望着屋外的农田，祈愿今年有个好收成。

地理小知识

雨花台

南京的雨花台，是一座松柏环抱的秀丽山岗。南朝梁武帝时期，佛教盛行，高僧云光法师常在山顶设坛讲经。传说此事感动了佛祖，于是天上落花如雨，化作遍地绚丽的石子，人们就把这里叫作雨花台。

> 汉字故事

风吹雨打

　　唐代著名诗人杜甫,出生时家境优渥,但他屡次参加科举考试,都没能考中。后来唐朝爆发了"安史之乱",为躲避战乱,杜甫只好四处漂泊。他逃难到成都后,在朋友的帮助下盖了一间草屋,在这里度过了一段时间的安定生活。

　　有一次,杜甫在江边散步,忽然闻到阵阵馨香,循香走去,发现原来是江边的楸(qiū)树已经开花了。看着楸花,杜甫联想到自己这几年的艰难生活,便叹道:"不如醉里风吹尽,可忍醒时雨打稀。"意思是这满树的楸花,为何不在我醉后熟睡的时候被风吹落呢?现在我醒来了,怎么能忍心眼看着风雨将花摧残呢?

　　"风吹雨打"指花木遭受风雨摧残。后来人们用这个成语比喻外界环境对弱小生命的迫害,或者比喻严峻的考验。

雪

| 甲骨文 | 金文 | 小篆 | 隶书 | 楷书 |

天空下起一片片"羽毛"，就是雪花呀。

"雪"字为什么这样写？

雪花从天空飘下来，所以甲骨文" "（雪）中" "表示天空下雨，" "像一片片羽毛。天空中纷纷扬扬的雪花像不像白色的羽毛？

组词造句

▶ 空气中降落的白色结晶：雪山、雪原
  例句：这绵延不断的雪山上，流传着许多古老而美好的故事。

▶ 洗掉：雪耻、洗雪
  例句：勾践在报仇雪恨前，决定先过卧薪尝胆的生活。

地理小知识

西岭雪山

四川省成都市的西岭雪山，因唐代诗人杜甫的千古绝句"窗含西岭千秋雪，门泊东吴万里船"而得名。山中箭竹成林，植被丰美，生活着金丝猴、牛羚等多种珍稀动物，还是国宝大熊猫的天然庇护所和繁衍栖息地。

汉字故事

咏雪之慧

东晋名士谢安十分重视家庭教育。有一年冬天，下雪了，谢安把家族的子女聚集在一起谈论诗文。忽然，雪下大了。谢安来了兴致，问了大家一个问题："这纷纷扬扬的白雪像什么？"

他的侄儿谢朗想了想便说："撒盐空中差可拟。"意思是，这纷飞的大雪就像在空中撒了一把盐。用盐比喻雪花，说明了雪的颜色和形态，大家都觉得不错。

就在大家赞不绝口的时候，谢安的侄女谢道韫（yùn）说："未若柳絮因风起。"意思是，大雪纷飞更像柳絮随风飞舞。将雪花比喻成春天的柳絮，不仅表明了雪的颜色和形态，还形象地描绘出了雪从天上飘落的动态，意境更高。谢安大笑，对侄女的才华大加赞赏。

后人便用成语"咏雪之慧"赞许能赋诗的女子。

雷

| 甲骨文 | 金文 | 小篆 | 隶书 | 楷书 |

"雷"字为什么这样写？

下雨的时候，总是先看见闪电，后听见雷。所以甲骨文"田⃝田"（雷），中间画的是一道闪电，旁边是两个像车轮的"田"。古人以为，滚滚雷声是天神的战车在天上轰然驰过。

雨天伴随着闪电出现的声音，就是雷。

组 词 造 句

▶ 云层放电时发出的响声：雷霆、雷打不动
　例句：他每天都会读两个小时的书，数十年如一日，雷打不动。

▶ 军事上用的爆炸武器：雷区、鱼雷
　例句：前方是军事区域，有一片雷区，禁止通行。

地理小知识

雷州半岛

雷州半岛，地处中国大陆最南端，是我国三大半岛之一，属于广东省。从高空看，雷州半岛犹如一条巨龙冲向太平洋，气势磅礴，令人震撼。据说，此地因崇拜雷神，定期举办大型的祭雷活动而得名"雷州"。

汉字故事

闻雷失箸（zhù）

东汉末年，群雄并起。当时刘备正依附于势力强大的曹操，他假装胸无大志，想让曹操放下对自己的戒心。

有一天，曹操邀请刘备来饮酒。闲谈时，曹操突然问刘备："你说当今天下谁可以称得上英雄？"刘备列举了多位当时的知名人物，但都被曹操一一否定，最后只好说："除了这些人之外，我实在不知道还有谁是英雄。"

曹操先用手指刘备，又指向自己，然后说："当今天下，只有你我二人可以称得上英雄！"刘备一听曹操把自己和他并称为英雄，又惊又惧。这时，天空电闪雷鸣，刘备装作被吓得手中的筷子都掉到了地上。曹操笑着问："大丈夫也怕雷声吗？"

刘备说："孔子说过，一般人遇到迅雷、大风的天气，神色一定会变动。我怎么会不怕呢？"曹操见刘备连雷声都害怕，觉得他缺乏勇气，因此也就放下了对他的戒心。

"箸"就是筷子的意思，后来人们就用"闻雷失箸"比喻借别的事情来掩饰自己的真实情况。

风

| 甲骨文 | 小篆 | 隶书 | 楷书 |

有了风，鸟儿才能在高空飞翔。

"风"字为什么这样写？

甲骨文"🐦"，像不像一只展翅飞翔的大鸟？这是古人假借一种形似孔雀的大鸟来表示风的存在。小篆"凤"字的轮廓"凡"也像翅膀张开的大鸟，里面的"云"和"气"就是云和气，意思是大鸟飞翔时需要气流。

组 词 造 句

▶ 空气流动的现象：风向、风沙
  例句：沙尘暴来了，整座村庄都被笼罩在风沙中，家家户户门窗紧闭。

▶ 风俗：蔚然成风、移风易俗
  例句："学雷锋"活动已经在校园里蔚然成风。

地理小知识

风陵渡

风陵渡，在山西省运城市芮城县内，处于黄河东转的拐角，是山西、陕西、河南三省的交通要塞。风陵渡是黄河边最大的古渡口，为兵家必争之地，有不少著名的战役发生在这里。

汉字故事

风吹草动

春秋时期，昏庸的楚平王听信谗言，设计杀害了楚国大夫伍奢和他的长子伍尚。幸好伍奢的次子伍子胥及时逃出了楚国。

伍子胥逃到一条河边，正苦恼于没有办法过河时，来了一位好心的渔夫撑船将他渡到对岸。顺利过河后，伍子胥继续逃向吴国，为了避开楚国的追兵，他白天躲藏，晚上赶路，不久就生病了。此时盘缠用尽，伍子胥只好拖着病躯，沿路乞讨。

有一天，伍子胥正走在路上，忽然一阵风吹来，周围响起簌簌的声音。伍子胥以为是楚兵追了过来，慌忙躲进草丛里。等他定下神来，仔细一看，才发现原来是风吹得路边的树和草摇晃起来，发出的响声。历经千难万险，伍子胥终于逃到吴国，最终为父兄报了仇。

成语"风吹草动"就是从这个故事里来的，比喻轻微的动静或变故。

水

| 甲骨文 | 金文 | 小篆 | 隶书 | 楷书 |

流动着的水弯弯曲曲，不时溅起水花。

"水"字为什么这样写？

甲骨文"水"（水）的字形，就像一条弯弯的小溪，不时有水花飞溅出来。水每时每刻都在流动，小溪汇成大川，大川流入大河，大河汇入大江、大海，形成我们赖以生存的水资源。

组 词 造 句

▶ 一种无色、无味、无臭的液体：河水、湖水
　例句：清澈的河水中倒映着蓝天、白云，还有远处的青山。

▶ 江、河、湖、海、洋：水运、水系
　例句：湖北省水系发达，素有"千湖之省"的美誉。

地理小知识

天水市

甘肃省东南部的天水市，传说是伏羲和女娲的诞生地，素有"羲皇故里"之称。天水市历史悠久，是秦早期文化的发祥地，有三千多年的文字记载史。天水市的麦积山石窟，是中国四大石窟之一，也是世界文化遗产。

汉字故事

一衣带水

南北朝时期，北方的北周和南方的陈国以长江为界。后来，隋文帝杨坚取代北周建立隋朝，统一了长江以北的地区。当时南方的陈国国君陈叔宝荒淫无道，百姓怨声载道。杨坚认为可以趁机进攻陈国。而陈叔宝却认为两国之间有长江天险，杨坚的军队攻不过来，因此疏于戒备。

经过多年的准备，杨坚选择在陈国收获粮食的季节，集结军队，假装进攻。陈国也被迫集结军队，因此错过了收获的时间，不仅损失了大量的粮食，士气也大为受损。

公元588年冬，杨坚终于下令攻打陈国。出发前，杨坚说："我身为一国之君，就如同百姓的父母，怎么能不拯救一衣带水之隔的陈国百姓呢？"最终，隋军势如破竹，一举攻下陈国都城，灭掉了陈国，统一了全国。

后来，人们就用"一衣带水"形容虽有江河湖海相隔，但距离很近，不足以成为交往的阻碍。

火

| 甲骨文 | 战国文字 | 小篆 | 隶书 | 楷书 |

火在燃烧的样子，就是火字。

"火"字为什么这样写？

小朋友，燃烧着的火焰，像不像甲骨文"🔥"？这就是古代的"火"字。后来古人在两边加上两个点，表示四射的火星。今天的"火"字里还有这两个点，是不是很像火苗呼呼往上蹿的样子呢？

组 词 造 句

▶ 物体燃烧时发出的光和焰：火花、烟火
  例句：除夕夜，数不清的烟火在空中绚烂地绽放。

▶ 紧急：十万火急、火速
  例句：奶奶病危，爸爸十万火急地从外地赶回家。

地理小知识

火焰山

火焰山，在我国新疆吐鲁番盆地的北缘。《山海经》中称它为"炎火之山"，隋唐时期因其布满赤红砂石，所以大家叫它"赤石山"。小说《西游记》里"唐三藏取经受阻火焰山，孙悟空三借芭蕉扇"的故事，就发生在这个地方。

汉字故事

火中取栗

从前,有个人养了一只猴子和一只猫,他让它俩吃在一起、住在一起。

有一天,猴子和猫看到炉子里烤着栗子。猴子馋得口水直流,就对猫说:"兄弟,今天可是你大显身手的时候,你身手敏捷,只有你才能把栗子从火里取出来。"

猫为了证明自己的确有本事,就一次次把爪子伸到火里去取栗子。狡猾的猴子则站在猫身后,一次次把栗子接过来。

在猫全神贯注取栗子的时候,猴子趁猫不注意,把栗子吃光了。等到猫回过神来,想吃栗子的时候,突然发现一个女仆走了过来,吓得它俩赶紧逃跑了。最后,猫才意识到:自己为了取栗子,爪子上的毛都被烧焦了,可是竟然一个栗子都没吃到!

后来人们常用成语"火中取栗"比喻冒着风险替别人出力,自己却上了当,没得到一点好处。

山

| 甲骨文 | 金文 | 小篆 | 隶书 | 楷书 |

山字里有三竖，就像并立的三座山峰。

"山"字为什么这样写？

小朋友，甲骨文"山"像不像我们遥望时，地平线上连绵起伏的山脉？现在的"山"字还保留着山峰耸立的样子，看那三座又高又直的"山"，中间的山峰比旁边的两座都要高呢！

组 词 造 句

▶ 地面上由土、石形成的高耸的部分：山峦
  例句：远处起伏的山峦，就像一条盘卧的巨龙。

▶ 形状像山的东西：冰山
  例句：全球气候变暖，北极的冰山在渐渐融化。

地理小知识

华山

小朋友，你去过华山吗？华山位于陕西省华阴市，是中国著名的"五岳"之一，自古就有"奇险天下第一山"的说法。华夏民族最初形成并居住的地方就是"华山之周"，"中华"和"华夏"之"华"，就源于华山。

汉字故事

高山流水

春秋时期，有个叫俞伯牙的人琴艺高超，是当时著名的琴师。同时代有个叫钟子期的人，精通音律，总能听出俞伯牙的琴声表达的是什么。

俞伯牙弹起赞美高山的曲子，钟子期说："真好！这琴声雄伟而庄重，仿佛高耸入云的泰山！"

俞伯牙又弹起表现流水的曲子，钟子期说："真好！这琴声宽广浩荡，仿佛广阔无边的江河！"

不管俞伯牙弹琴时心里在想什么，钟子期都能通过琴声准确地道出他的心声。后来，钟子期死了。俞伯牙说："这世上再也没有我的知音了！"于是他毁琴断弦，再也不肯弹琴了。

后来，人们用成语"高山流水"比喻知音或知己，也比喻乐曲高妙。

石

| 甲骨文 | 金文 | 小篆 | 隶书 | 楷书 |

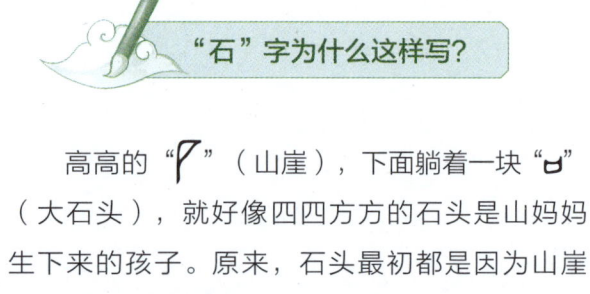

上面是山崖，下面是一块大石头，就是石字。

"石"字为什么这样写？

高高的"厂"（山崖），下面躺着一块"口"（大石头），就好像四四方方的石头是山妈妈生下来的孩子。原来，石头最初都是因为山崖开裂而掉出来形成的。坚硬的石头被古人用来制作刀、斧等工具，大大方便了他们的生活。

组 词 造 句

▶ 构成地壳的坚硬物质：石碑、石破天惊

例句：他平时沉默寡言，此番石破天惊的话语，令人刮目相看。

地理小知识

石林

石林风景区位于云南省昆明市，是极具特色的喀斯特地貌，在全世界享有"石林博物馆"的美誉。石林这种独特的景观，是漫长的地质演变的结果。当你游走在一个个溶洞中时，如果细心观察，还会发现石壁上有鱼类的化石，这是因为上亿年前这里是一片汪洋大海。

汉字故事

水滴石穿

宋朝时，有一个叫张咏的人到崇阳县任县令。有一天，张咏看见一名管仓库的小吏从府库里偷了一枚铜钱，于是派人把小吏抓住，要用杖刑责罚他。

小吏心里不服，大声嚷道："我只是偷一枚铜钱而已，你居然就要对我用杖刑？就算你能杖打我，难道你还能斩了我吗？"

张咏听了，拿起笔宣判道："一日一钱，千日千钱，绳锯木断，水滴石穿。"意思是说，一天偷一枚铜钱，一千天就会偷走一千枚铜钱，这就像用绳子锯木头，用水滴石头，天长日久，木头会被锯断，石头也会被滴穿。

宣判之后，张咏亲自拔剑，将小吏斩首示众，然后上书给朝廷，如实汇报了情况。当时不良的社会风气因此大大好转。

在故事里，"水滴石穿"比喻再小的坏事经常做也会造成恶劣的影响，后来用此比喻只要有恒心，坚持不懈，事情总会成功。

土

| 甲骨文 | 金文 | 小篆 | 隶书 | 楷书 |

地面上有凸起的土堆，就是土字。

"土"字为什么这样写？

瞧，甲骨文"Ω"（土），下面一条横线画的是地面，地面上凸起的是什么？是土堆。后来，"土"字变成了"二"和"丨"的组合，"二"表示土地的深处和表层，"丨"表示小苗从土里长出来的样子。

组词造句

▶ 土壤：泥土、黄土
  例句：这一捧故乡的黄土，寄托着他对家乡深深的眷恋之情。

▶ 地方性的：土产、土话
  例句：中国地大物博、物产丰富，各地都有自己独具特色的土产。

地理小知识

土字碑

土字碑是中俄两国的第一座界碑，位于吉林省珲春市防川村中俄边界的起点处。1886年，为解决中俄边界争议，清政府派代表与俄方谈判，重立了土字碑，争回了图们江的出海权，维护了国家尊严和利益。

汉字故事

卷土重来

秦朝灭亡以后，楚汉相争。项羽因为过于轻敌，结果在垓（gāi）下之战中大败，被迫率领剩余的兵马逃亡，逃到乌江时身边只剩下二十几个人。

这时，乌江亭长将船停到岸边，劝项羽上船过江。项羽说："我离开江东的时候带领的八千江东子弟兵，如今没有一个活着。我无颜再回江东见乡亲父老。"说完，便拔剑自刎了。

后来，唐朝诗人杜牧路过乌江亭，想起项羽一事，不由得感慨万分，写下《题乌江亭》：

胜败兵家事不期，包羞忍耻是男儿。
江东子弟多才俊，卷土重来未可知。

这首诗的意思是说：胜败乃兵家常事，男子汉大丈夫应该能屈能伸。江东人才济济，如果项羽渡江而去，也许有朝一日可以带领军队卷土重来，与汉军再次争夺天下。

后来，人们就用成语"卷土重来"形容失败以后又重新恢复势力，也比喻消失了的人或事物重新出现。

金

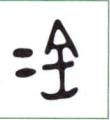

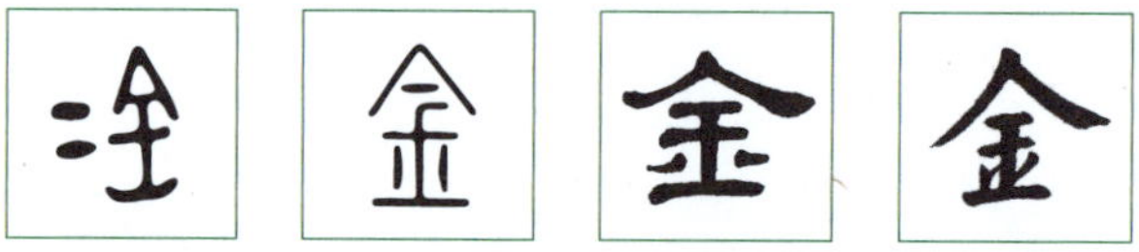

| 金文 | 小篆 | 隶书 | 楷书 |

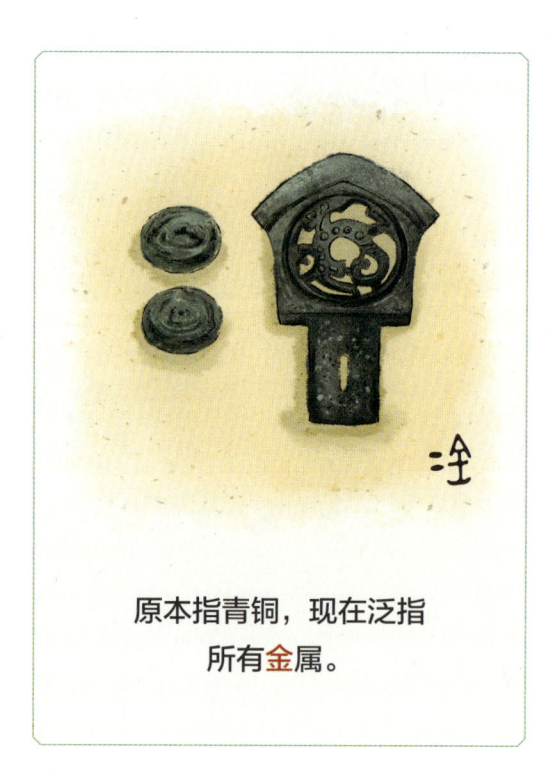

"金"字为什么这样写？

小朋友，你知道金属是怎么来的吗？智慧的古人发现，泥土（土）里的矿石（A）中含有贵重矿粒（二），组合起来就是"金"（金）。古人很早就会冶炼青铜这种金属了。现在的"金"字里还保留着两点，是不是很像高温下变成液体的金属呢？

原本指青铜，现在泛指所有金属。

组 词 造 句

▶ 金属：合金、黄金
　例句：青少年时期是人一生中的黄金时代。
▶ 形容尊贵、贵重：金榜题名、金口玉言
　例句：他勤奋努力，刻苦学习，终于在高考中金榜题名。

地理小知识

金陵

金陵是南京的古地名。公元前333年，楚威王在此筑金陵邑，由此得名。三国时期，吴国孙权在此建都，金陵从此崛起。金陵后来长期是中国南方的政治、经济、文化中心，有"六朝古都""十朝都会"之称。

> 汉字故事

精诚所至，金石为开

西周时期，楚国有个名叫熊渠子的人，他身材高大，臂力超群，精通箭术。

有一天晚上，熊渠子骑马走在路上，忽然发现身后草丛里卧着一只猛虎。他瞄准老虎，拉弓搭箭，使足力气猛地射出。箭"嗖"地飞过去射中了老虎，但是老虎竟然一动不动！

熊渠子觉得很奇怪，走近一看，发现自己射中的不是老虎，而是一块形状像老虎的大石头！他自己也感到很惊讶，于是又射了几箭，可是这几支箭射中石头后都被弹开了。

后来人们讲述这件事的时候，评价说："见其诚心而金石为之开。"意思是熊渠子射第一箭时全心全意，连石头那样硬的东西都被打开了。由此引申出成语"精诚所至，金石为开"，形容只要诚心实意，坚持不懈，总能排除困难，达到目的。

田

| 甲骨文 | 金文 | 小篆 | 隶书 | 楷书 |

一块被分割得整整齐齐的土地，就是田。

"田"字为什么这样写？

甲骨文"田"（田）画的是四四方方的一块土地，被纵横交错的小路分成一个个方块，这就是古代农田的样子。现在农村里的农田还是这样一格格的。数数看，"田"字里有几个方块？

组 词 造 句

▶ 田地：水田、稻田
　例句：农民伯伯们在稻田里忙碌着，汗水洒落在田地上。

▶ 指可供开采的蕴藏矿物的地带：油田、煤田
　例句：大庆油田是我国最大的油田。

地理小知识

和田

和田地区位于我国新疆维吾尔自治区南部，北临塔克拉玛干沙漠，南抵昆仑山。和田虽然干旱，但是矿产资源丰富，是"玉石之乡"，出产的玉叫"和田玉"。

汉字故事

求田问舍

三国时期,广陵太守陈登在江淮一带很有威望,声名远播。当时天下很不太平,有一次,名士许汜(sì)来到陈登这里避乱。陈登问许汜想做些什么,许汜说想谋求田地,购置房产。陈登听后,对他十分冷淡,也没有按照待客之礼好好招待他。

几年后,许汜投奔荆州牧刘表。一天,刘表、刘备和许汜三人聊天,评点天下的英雄人物。许汜趁机说:"陈登这个人,虽然有很大的名气,但是待人无礼,十分狂妄,算不得什么英雄啊!"

刘备问许汜:"你这么说陈登,有什么根据吗?"

许汜气愤地把当年遭受冷遇的事讲了一遍,刘备听后不仅不同情他,反而对他说:"你只知道求田问舍,却不知道忧国忧民,当然得不到陈登的青睐啊!"

后来,人们就用"求田问舍"形容只知谋求一己之私,胸无大志。

禾

| 甲骨文 | 金文 | 小篆 | 隶书 | 楷书 |

"禾"字为什么这样写？

小朋友，甲骨文"禾"像不像一株禾苗？金文"禾"甚至还画出了禾苗下垂的穗子。现在大部分跟粮食有关的字都有"禾"字旁，如"稻""秧""种""秆"，你还知道哪些"禾"字旁的字？

组 词 造 句

▶ 水稻的植株：禾苗、禾田

　例句：稻田里，绿油油的禾苗在微风细雨中茁壮生长着。

一株结穗的水稻，有根有叶，就是禾。

地理小知识

乌尔禾

我国新疆的乌尔禾被称为"魔鬼城"。乌尔禾地处风口，四季多风，风力最大可达12级。大风在乌尔禾盘旋时，会发出尖厉的声音，如同鬼哭狼嚎，仿佛无数魔鬼在此聚集，令人毛骨悚然。

汉字故事

锄禾日当午

唐朝著名诗人李绅，六岁时父亲就去世了。他由母亲独自抚养长大，生活上很贫困，吃了很多苦。因此，在他写的诗中，常常能看到一些反映底层劳苦人民生活艰辛的场景。

一天中午，李绅路过一片农田，他看到田地里有个农民正在烈日下辛苦地劳作，汗水随着手中挥动的锄头洒落在土地上。他由此联想到自己平时吃的粮食，原来是如此来之不易。于是，他写下《悯农》二首，下面是其中一首。

锄禾日当午，汗滴禾下土。
谁知盘中餐，粒粒皆辛苦。

这首诗告诉我们：我们应该尊重农民伯伯辛勤劳动的成果，珍惜每一粒粮食。

木

| 甲骨文 | 金文 | 小篆 | 隶书 | 楷书 |

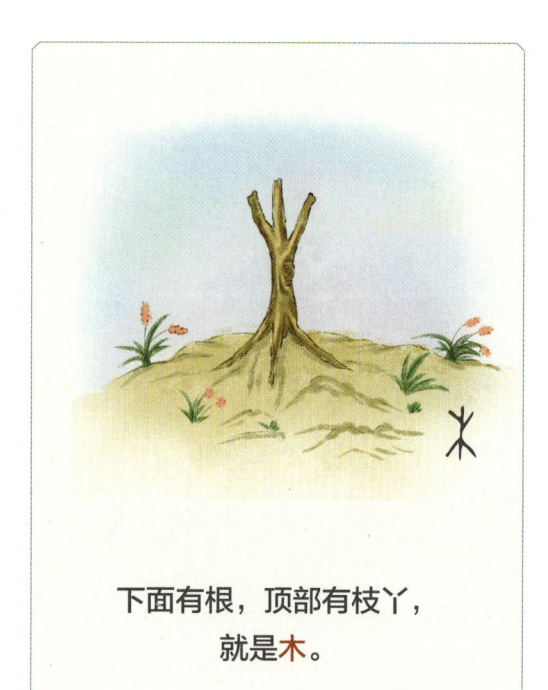

下面有根，顶部有枝丫，就是**木**。

"木"字为什么这样写？

甲骨文"木"像一棵树，有树根、树干和树枝，这就是古人写的"木"字。在古代，人们把树砍倒后制作成木头，用木头造房子、做家具。现在，与木相关的字都有"木"字旁，如"树""林""棵"。

组词造句

▶ 树木：乔木、灌木
　例句：屋外的那片灌木十分繁茂。
▶ 质朴：木讷
　例句：他虽然木讷寡言，但是善良勇敢，是个非常好的人。

地理小知识

乌鲁木齐

乌鲁木齐是新疆维吾尔自治区的首府，在蒙古语中的意思是"优美的牧场"。历史上，乌鲁木齐是古丝绸之路上的重镇。现在，这里住着汉族、维吾尔族、回族、蒙古族等十几个民族的居民。如果你来到这座城市，一定会被它浓郁的少数民族风情吸引。

> 汉字故事

入木三分

东晋的王羲之是我国古代杰出的书法家，人称"书圣"。

王羲之的父亲也是书法名家。王羲之自幼由父亲教导，又跟随多位书法大师学习，靠着卓越的天赋和不懈的努力，成功地将许多名家的书法风格融汇贯通，并形成自己的特色，最终成为一代大家。他的书法字体秀丽，笔力苍劲，风格独特。

据说有一次，皇帝要到北郊去祭祀，让王羲之先在木板上写好祝文，之后再由木工雕刻。王羲之写好祝文之后，把木板交给木工。木工进行雕刻的时候，惊讶地发现，字的墨迹竟然渗进木板有三分之深！

后来，人们就用"入木三分"形容书法笔力强劲，也形容人写文章或者说话见解精辟，分析深刻。

游中国，学汉字

乌尔禾

乌鲁木齐

人民大会堂

火焰山

月牙泉

天水市

和田

西岭雪山

云南省

石林

起点

小朋友，认识了这么多汉字，你想不想去书中提到的这些地方游历一下呢？那就排排队、站站好，坐上"汉字小火车"，去各地玩一玩吧。你需要一次性走完全程，而且不可以走回头路哟！出发吧！

终点

"冰城"哈尔滨

天坛

土字碑

地坛

风陵渡

雨花台

华山

金陵

光明顶

中国电影博物馆

雷州半岛

日月潭

参考答案

游中国，学汉字